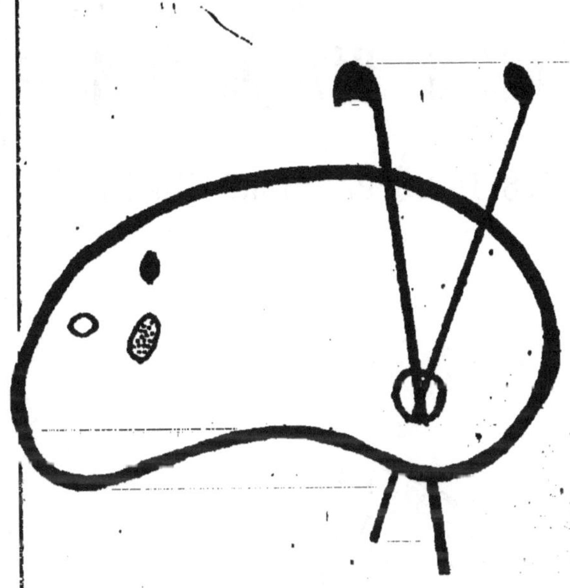

DEBUT D'UNE SERIE DE DOCUMENTS
EN COULEUR

SCIENCE ET RELIGION
Études pour le temps présent
SÉRIE HISTORIQUE
Publié sous les auspices de la Société Bibliographique

La Primauté de l'évêque de Rome

DANS LES TROIS PREMIERS SIÈCLES

PAR

V. ERMONI

PARIS
LIBRAIRIE BLOUD & Cie
4, RUE MADAME ET RUE DE RENNES, 59
1903

SOCIÉTÉ BIBLIOGRAPHIQUE

ET DES PUBLICATIONS POPULAIRES
5, rue Saint-Simon, Paris, VII⁰

But de la Société. — La Société Bibliographique a pour but de réunir tous les hommes d'intelligence et de cœur, désireux de mettre en commun leurs efforts au service de la Religion et de la Science.

A cet effet, elle favorise la création de *bibliothèques*, *de cabinets de lecture*, *la publication d'ouvrages pour les classes dirigeantes et pour les classes populaires, ouvre des conférences scientifiques, littéraires et sociales*; elle signale tous les mois, dans le **Polybiblion** (*Revue bibliographique universelle*), les ouvrages parus en France et à l'Étranger; enfin elle envoie *gratuitement* à tous ses membres son **Bulletin mensuel**, qui contient une *bibliographie de livres approuvés et destinés à la création de bibliothèques populaires catholiques.*

Avantages réservés aux Sociétaires. — 1º Au point de vue moral : les Sociétaires contribuent à la conservation de la Foi.

2º Au point de vue intellectuel : *Renseignements bibliographiques; prêts de revues de la Bibliothèque de la Société;* droit aux prêts de bibliothèques renouvelables (*demander les notices spéciales*).

3º Au point de vue matériel : la Société assure à ses membres des avantages tels qu'ils rentrent, et au-delà, dans le montant de leur cotisation.

Ses Ressources. — Elles se composent : 1º de la cotisation de tous ses membres associés-correspondants, laquelle est de 10 fr, par an ; on peut s'en exonérer moyennant le versement d'une somme de 150 fr. une fois payée.

2º Des apports des membres titulaires, qui sont de la somme de 100 fr. *au moins* une fois payée. (Ce versement n'exempte pas de la cotisation annuelle de 10 fr., mais il donne droit à être éligible comme membre du Conseil de la Société).

3º Des dons extraordinaires qui lui sont faits.

Résultats obtenus. — La Société Bibliographique est arrivée à inscrire sur ses listes plus de *neuf mille cinq cents sociétaires;* chaque année elle fait de nombreux envois de livres pour bibliothèques catholiques et pour distributions de prix aux enfants de nos écoles libres.

Pour plus amples renseignements, s'adresser directement à la société, 5, rue Saint Simon.

SCIENCE ET RELIGION

Etudes pour le temps présent. — Prix : 0 fr. 60 le vol.

L'Autorité humaine des Livres saints, par le P. Méchineau, S. J. 1 vol.
Qu'est-ce que le miracle ? — *Analyse de sa notion. Ses éléments constitutifs*, par l'abbé E. Coste. 1 vol.
Les trois Formes du Surnaturel. *Le Miracle, la Révélation et la Grâce*, par Pierre Vallet, P. S. S. 1 vol.
Du même auteur : Dieu principe de la loi morale. 1 vol.
La Bible depuis son origine jusqu'à nos jours, par M. l'abbé Chauvin. 2 vol. se vendant séparément.
  I. *La Bible chez les Juifs.* 1 vol.
  II. *La Bible dans l'Église catholique.* 1 vol.
Etudes sur l'origine de la Société, par le R. P. Montagne, des Frères-Prêcheurs. 3 vol. se vendant séparément.
  I. *La Théorie du Contrat social.* 1 vol.
  II. *La Théorie de l'Organisme social, d'après l'École naturaliste.* 1 vol.
  III. *La Théorie de l'Être social, d'après saint Thomas d'Aquin.* 1 vol.
Le Problème de la Souffrance humaine. — *Pourquoi souffrir ? Triple réponse chrétienne*, par le P. Badet, de l'Oratoire. 1 vol.
Le Matérialisme et la Nature de l'Homme, par M. l'abbé O. Constantin, chanoine titulaire de Nîmes. 1 vol.
Le Mouvement religieux en Angleterre au XIXe siècle, par le R. P. Ragey, Mariste. 3 vol. se vendant séparément.
  I. *L'Anglicanisme.* 1 vol.
  II. *Le Ritualisme.* 1 vol.
  III. *Le Catholicisme en Angleterre.* 1 vol.
La Liberté d'Enseignement. *Aperçu historique*, par M. l'abbé Laurent. 1 vol.
Rivalités scientifiques ou la Science catholique et la prétendue Impartialité des Historiens, par le R. P. Th. Ortolan, 3 vol. se vendant séparément.
  I. *La Manie du Dénigrement.* 1 vol.
  II. *Les Fausses réputations.* 1 vol.
  III. *Les Oubliés.* 1 vol.
L'Occultisme contemporain. — *Ses doctrines et ses divers systèmes*, par Charles Godard. 1 vol.
Evolution, Progrès, Liberté, par P. Vallet. 1 vol.
Les Qualités de l'Éducateur, par J. Guibert, P. S. S. 1 vol.
La Bible et les Théories scientifiques, par M. l'abbé B. Colomer 1 vol.
L'Origine apostolique du Nouveau Testament, par le P. Lucien Méchineau, S. J. 1 vol.
Hasard ou Providence. *Le Problème des Causes finales*, par le R. P. J.-D. Folghera, des Frères-Prêcheurs. 1 vol.
La Conservation de l'Energie et la Liberté morale, par le R. P. de Munnynck, O. P. 1 vol.
Le Péché originel dans Adam et ses descendants. *Exposé apologétique*, par le R. P. Le Bachelet, S. J. 2 vol.
Le Monde Juif au temps de Jésus-Christ et des Apôtres, par l'abbé Becrilier. 2 vol.
Le Dogme chrétien dans la Religion Juive, par A.-F. Saubin 1 vol

Le Régime corporatif et l'Organisation du Travail, par le
R. P. G. DE PASCAL, 2 vol. se vendant séparément.
I. *Le Passé.*   1 vol.
II. *L'Avenir.*   1 vol.
Le Dogme de l'Eucharistie, *essai d'explication*, par le P. LERAY,
prêtre eudiste.   1 vol.
Les Raisons de ma croyance, par le cardinal MANNING, archevêque
de Westminster, traduit de l'anglais par l'abbé E. Peltier.   2 vol.
Le Monde des Esprits. — **Anges et Démons**, par le R. P. DOM MARÉ-
CHAUX.   1 vol.
Le Mouvement féministe. *Ses causes — Son avenir — Solution chré-
tienne*, par la comtesse Marie DE VILLERMONT.   2 vol.
Le Brahmanisme, par Ch. GODARD.   1 vol.
Du même auteur : **Le Fakirisme**, *les Fakirs et leurs prestiges.*   1 vol.
L'Eglise grecque orthodoxe et l'Union, par le P. Fr. TOURNEBIZE
S. J.   2 vol.
Analogies de la Science et de la Religion, par Pierre COUBBET   2 vol.
L'Education supérieure des Femmes, par Mgr SPLADING, évêque de
Peoria; traduit de l'anglais par M. l'abbé Félix Klein.   1 vol.
Le Beau dans les Œuvres littéraires, par M. l'abbé GABORIT, archi-
prêtre de la cathédrale de Nantes.   1 vol.
L'Eglise et le Droit des Gens, par le R. P. G. DE PASCAL.   1 vol.
L'Enfance du Christ d'après les Traditions juives et chrétiennes,
par M. l'abbé O. CHAUVIN.   1 vol.
Du même auteur : **Le Purgatoire, s'il existe, et ce qu'il est.**   1 vol.
Le Repos dominical, *Bonheur de l'Individu, de la Famille et de la
Société*, par le P. François TOURNEBIZE, S. J.   1 vol.
Les Miracles de l'Evangile, par P. VALLET, P. S. S.   1 vol.
Histoire et légende de la Congrégation (1801-1830), par J. M.
VILLEFRANCHE   1 vol.
Pour et contre l'Évolution, ou *Étude sur l'origine des Espèces*, par
l'abbé LEROY, ancien Directeur au Grand Séminaire de Séez, 2 vol.
L'Origine mosaïque du Pentateuque, par le P. Lucien MÉCHI-
NEAU, S. J.   1 vol.
L'Homme animal et L'Homme social, *d'après l'école matérialiste*,
par C. de KIRWAN.   1 vol.
**La Révocation de l'Édit de Nantes, ses causes et ses consé-
quences**, par L. DIDIER, Agrégé de l'Université.   1 v.
Les Doctrines sociales catholiques en France, *depuis la Révolu-
tion jusqu'à nos jours*, par VICTOR DE CLERCQ, avocat à la Cour d'Appel
de Paris. Avant-propos par Georges GOYAU. — Première partie : *Les
Précurseurs.* — Deuxième partie : *Les Contemporains.*   2 vol.
**La Femme chrétienne au temps des persécutions, son influence
et son rôle**, *Étude historique*, par le P. BADET, de l'Oratoire.   1 vol.
La Providence. — *Conservation des êtres créés.* — *Gouvernement du
monde.* — *Répartition des biens et des maux*, par O. CONTESTIN, chanoine titulaire de Nîmes.   1 vol.
Théorie de l'Education, par L. LABERTHONNIÈRE, de l'Oratoire, Supérieur du Collège de Juilly.   1 v.
Demander la liste complète des volumes **Science et Religion**
parus à ce jour.

SAINT-AMAND, CHER. — IMPRIMERIE BUSSIÈRE

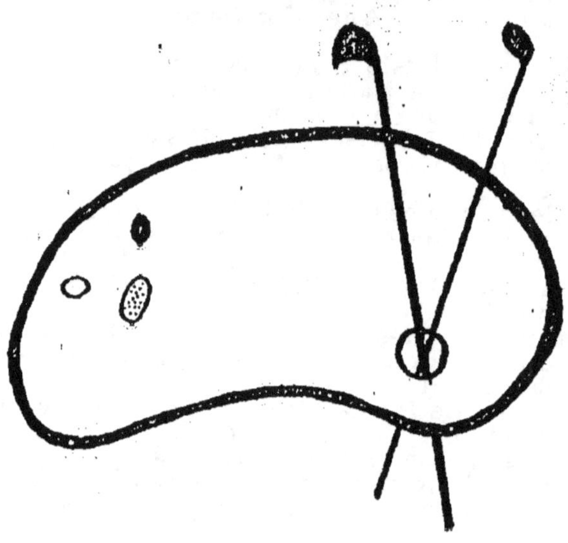

FIN D'UNE SERIE DE DOCUMENTS
EN COULEUR

LA PRIMAUTÉ DE L'ÉVÊQUE DE ROME

Dans les trois premiers siècles

SCIENCE ET RELIGION
Etudes pour le temps présent
SÉRIE HISTORIQUE
publiée sous les auspices de la Société Bibliographique

La Primauté de l'évêque de Rome

DANS LES TROIS PREMIERS SIÈCLES

PAR

V. ERMONI

PARIS

LIBRAIRIE BLOUD & Cie

4, RUE MADAME ET RUE DE RENNES, 59

1903

INTRODUCTION

La primauté de l'Eglise romaine est pour les catholiques un article de foi. Mais la critique historique pourra-t-elle établir ce fait si important ? Au milieu des controverses de l'heure présente on sent de plus en plus combien il est nécessaire que les conclusions de l'histoire rejoignent les définitions dogmatiques. La lutte entre le catholicisme et le protestantisme, dont la primauté de l'évêque de Rome est, pourrait-on dire, l'enjeu capital, porte principalement sur le terrain historique. Pour avoir chance d'atteindre toutes les confessions hostiles à la primauté romaine, il faut donc se résigner à interroger loyalement l'histoire.

Il serait inutile d'embrasser tout le domaine historique ; les conditions mêmes du débat nous obligent à délimiter la sphère de nos recherches. Les Eglises séparées ne contestent nullement que, à une certaine époque de l'histoire, par suite d'un concours de circonstances diverses, l'évêque de Rome n'ait exercé son pouvoir sur toute la chrétienté ; ce qu'elles nient, c'est la légitimité de ce pouvoir ; elles prétendent que cette prérogative pontificale n'a aucune trace dans l'antiquité chrétienne et ne repose dès lors sur aucun droit divin. Au point de vue strictement ecclésiastique l'évêque de Rome ne serait nullement supérieur aux autres évêques de la chrétienté. Voilà pourquoi nous nous bornerons à étudier les trois premiers siècles de l'histoire de l'Eglise ; c'est à ces sources anciennes que nous irons puiser les preuves de la primauté des Pontifes romains ; nous démontrerons ainsi, en suivant le fil de l'histoire, que ce droit remonte à Jésus-Christ lui-même.

L'évêque de Rome ne jouit du droit de primauté sur l'Eglise universelle qu'en tant qu'il est le successeur de saint Pierre et que ce dernier a reçu de Jésus-Christ cette prérogative ; ces trois faits sont indissolublement liés entre eux ; ils forment un bloc qu'on ne saurait dissoudre, un édifice d'une cohésion telle qu'on ne saurait en arracher une pierre sans que l'édifice tout entier s'écroule. Pour étudier la question dans toute sa complexité, nous avons donc besoin d'insister sur ces divers points. Ce n'est que par la coordination de toutes ces données qu'on peut historiquement établir, d'une manière complète, la primauté de l'évêque de Rome. S'arrêter à un seul de ces aspects, ce serait laisser l'édifice inachevé, ce qui permettrait à nos adversaires d'y faire plus facilement des brèches. Relions donc toutes ces parties et le monument acquerra une solidité capable de résister à toutes les attaques.

BIBLIOGRAPHIE

I. — Pour la primauté (1)

ALLIES, *The See of St. Peter*, Londres, 1866 ; ID., *Dr Pusey and the ancient Church*, Londres, 1866.

BALLERINI, *De vi aç ratione Primatus*, Vérone, 1776.

HERGENRŒTHER, *Antijanus*, Fribourg-en-Brisgau, 1870.

KATERKAMP, *Das Primat Petri und seiner Nachfolger*, Munster, 1820.

KENRICK, *On the primacy of the Holy See*, 1839, 1845.

LINDSAY, *The Evidence of Papacy*, Londres, 1870.

LIVIUS, *S. Peter, Bischop of Rome*, 1888.

MOEHLER, *De l'unité de l'Eglise*, trad. franç. par BERNARD, 1855.

NEWMAN, *The via media*, Londres, 1877.

ROTHENSEE, *Das Primat des Papstes*, Mayence, 1836.

SCHRADER, *De unitate Ecclesiæ*, Fribourg-en-Brisgau, 1862 et suiv.

II. — Contre la primauté

ARCHINARD, *Les origines de l'Eglise romaine*, Paris, 1852.

D. BLONDEL, *Traité historique de la primauté*, Genève, 1641.

A. SAUMAISE, *De primatu papæ*, Lyon, 1645.

(1) Nous ne citons que les travaux qui ont traité directement la question ; outre ces travaux spéciaux, nous donnons beaucoup de références au cours de cette étude.

CHAPITRE PREMIER

LA PRIMAUTÉ DE PIERRE

I. *Les textes évangéliques.* — II. *L'art chrétien.*

I. — Les textes évangéliques.

1º *Les textes.* — Les textes évangéliques qui énoncent la primauté de Pierre sont : MATTH. XVI, 18-19 ; lorsque le prince des Apôtres eut confessé, au nom de tous les disciples, la filiation divine de Jésus, le divin Maître lui parla ainsi : « Et moi, je te dis que tu es Pierre ; et sur cette *pierre* je bâtirai mon Eglise, et les portes de l'enfer ne prévaudront pas contre elle. Et je te donnerai les clefs du royaume des cieux, et tout ce que tu auras lié sur la terre sera lié dans le ciel, et tout ce que tu auras délié sur la terre sera délié dans le ciel » ; — JOA., XXI, 15-17 ; après sa résurrection, Jésus apparut une troisième fois à ses disciples : « Après qu'ils eurent mangé, Jésus dit à Simon Pierre : Simon, fils de Jonas, m'aimes-tu plus que ne m'aiment ceux-ci ? Il lui répondit : Oui, Seigneur, tu sais que je t'aime. Jésus lui dit : *Pais mes agneaux*. Il lui dit une seconde fois ; Simon, fils de Jonas, m'aimes-tu ? Pierre lui répondit : Oui, Seigneur, tu sais que je t'aime. Jésus lui dit : *Pais mes brebis*. Il lui dit pour la troisième fois : Simon, fils de Jonas, m'aimes-tu ? Pierre fut attristé de ce qu'il lui avait dit pour la troisième fois : M'aimes-tu ? Et il lui répondit : Seigneur, tu sais toutes choses, tu sais que je t'aime. Jésus lui dit : *Pais mes brebis* ».

Sous le rapport du contenu, ces textes se classent ainsi : MATTH., XVI, 18-19, contient la *promesse* du pouvoir ; JOA., XXI, 15-17, contient la *collation* de ce pouvoir.

2° *La critique des textes* (1). — Certains auteurs ont donné de ces textes une interprétation telle qu'il n'y aurait plus à y chercher la preuve scripturaire de la primauté de Pierre. Ces passages *constateraient* tout au plus un *fait* ou indiqueraient une simple *primauté d'ordre*. Pour ce qui concerne MATTH., XVI, 18-19, M. Réville écrit : « Si Jésus a véritablement prononcé des paroles du genre de celles que le premier évangéliste lui prête dans sa réponse à Pierre, il a simplement constaté un fait, savoir que Pierre en le saluant le premier du titre de Messie (2), a été le premier à

____

(1) Il va sans dire que nous n'avons pas à prouver ici l'authenticité de ces textes ; cette tâche incombe à l'exégèse. Dans un travail historique comme celui-ci on suppose que ces passages sont authentiques et l'on s'en sert à titre de documents.

(2) Cf. MATTH., XVI, 16.

comprendre sa véritable nature. » Et : « C'est donc lui [Pierre], le premier disciple complet, qui sera le fondement de la société nouvelle, la pierre angulaire du royaume, celle par laquelle on commence la construction et celle sur laquelle les autres reposent » (1).

Cette interprétation est purement subjective. Il est visible, en effet, que ces passages, considérés dans leur teneur même et comparés avec d'autres passages correspondants ou complémentaires, indiquent une véritable primauté de juridiction. Si Jésus constate un fait, MATTH., XVI, 17, il fait aussi, *ibid.*, 18-19, une solennelle promesse. L'ensemble des faits qui se dégagent des textes évangéliques constituent en faveur de la primauté de Pierre une preuve *cumulative* d'une valeur absolue :

1. *Jésus impose à Simon le nom de Pierre [Kepha].* — C'est le Sauveur lui-même qui donne à Simon ce nouveau nom ; MARC, III, 16 ; LUC, VI, 14 ; JOA., I, 42 ; cf. aussi MATTH., X, 2 ; XVI, 18. Un changement de nom a toujours une signification ; la chose est ici d'autant plus significative que d'après toutes les vraisemblances ce changement de nom eut lieu lors du choix des Douze.

2. *Jésus indique la raison de ce nouveau nom.* — Comme nous l'avons déjà vu, le Sauveur s'adressant à Simon, fils de Jonas, lui dit : « Tu es KEPHA [pierre, roc] et sur cette KEPHA je bâtirai mon Eglise ». Simon

(1) *Les Origines de l'épiscopat*, p. 34.

est donc la pierre qui sert de fondement au nouvel édifice, l'Eglise. Il est clair que la pensée du Sauveur est qu'il veut bâtir sur la pierre solide, sur le roc, et non sur le sable, afin que son édifice résiste aux tempêtes (1) ; la pierre est en effet le symbole de la solidité. Mais nous savons par ailleurs que l'édifice bâti sur ce roc est une *maison*, un *royaume*, une *société*, autant d'institutions qui supposent une *autorité*, un *gouvernement*. Pierre, fondement du nouvel édifice, sera donc investi de l'autorité qu'exige la nouvelle société.

3. *Jésus indique explicitement cette autorité.* — Il continue : « Et je te donnerai les *clefs* du royaume des cieux, etc. ». Les clefs sont partout mais tout particulièrement en Orient le symbole de l'autorité ; c'est le maître de la maison qui détient les clefs auprès de lui ; quand la jeune mariée franchit le seuil de la maison de son époux, on lui en remet les clefs pour indiquer qu'elle en devient la maîtresse ; le vainqueur d'une ville en prend possession lorsqu'on lui en remet les clefs. Ce symbolisme est du reste exprimé dans d'autres endroits de la Bible (2).

4. *Jésus indique la nature de ce pouvoir.* — La suite du texte est : « et *tout* ce que tu auras *lié* sur la terre, etc. ». Le pouvoir conféré à Pierre est donc un pouvoir de *lier* et de *délier*, et dès lors un pouvoir de faire ou d'abroger des lois, parce qu'on lie en faisant

(1) Cf. MATTH., VII, 24-27.
(2) Cf. ISAÏE, XXII, 22 ; APOCALYPSE, I, 18 ; III, 7.

des lois et qu'on délie en les abrogeant. Le mot *tout* désigne que ce pouvoir est souverain dans ce genre et qu'il lui appartient exclusivement de régler son exercice et ses applications.

5. *Jésus confère expressément à Pierre ce pouvoir.* — « Pais mes agneaux, pais mes brebis ». Les agneaux et les brebis c'est tout le troupeau de Jésus-Christ, toute la société chrétienne (1). Paître le troupeau, c'est en être le gouverneur, car un berger est maître de son troupeau. Cette figure était du reste connue dans l'antiquité classique ; dans Homère les rois sont dits « pasteurs », ποιμένες [des peuples].

Il faut ajouter d'ailleurs que les critiques protestants les plus avisés ne contestent guère la portée de MATTH., XVI, 18-19 (2).

II. — L'art chrétien (3).

La primauté de Pierre s'est comme incrustée dans les monuments de l'art chrétien, quoi qu'on en ait

---

(1) Cf. JOA., x, 1 et suiv. ; HEBR. ; XIII, 20 ; I PETR., II, 25 ; V, 22. — Cf. aussi pour le rôle de Pierre à l'égard de ses frères, LUC, XXII, 32.

(2) Cf. HOLTZMANN, *Lehrbuch der Neut. Theologie*, t. I, p. 430.

(3) Dans l'examen des monuments de l'art chrétien nous ne nous faisons pas scrupule de dépasser quelquefois le IIIe siècle.

dit (1). Les principales représentations de cette idée, mises au jour par l'archéologie sont les suivantes :

1° *Pierre représenté comme le premier des Apôtres.* — Dans le collège apostolique il occupe toujours la première place ; il est ordinairement à la droite du Divin Maître (2). La *terra cotta* Barberini le représente avec un escabeau sous les pieds, comme les personnages de rang princier (3). Sur la pyxide de Berlin, seul parmi les Apôtres il a le bâton qui est le symbole du pouvoir, comme le sceptre ; sur la scène du jugement à Syracuse, seul avec le Christ il porte le nimbe (4).

2° *Pierre représenté comme vicaire du Christ.* — A ce titre il porte la croix ; c'est ainsi qu'il est représenté sur un sarcophage, qui se trouve aujourd'hui à Saint-Pierre, sur un autre sarcophage de Ravenne, sur quelques médailles et sur une statuette en bronze (IVe siècle), qui se trouve au musée royal de Berlin (5). Cette représentation indique certainement que Pierre est le : *crucis almæ signifer et dux,* selon les

(1) Cf. ROLLER, dans *Revue des Deux-Mondes,* juillet, 1883, p. 393.

(2) Cf. KRAUS, *Realencyclopädie,* t. II, p. 682-684.

(3) Cf. GRISAR, *Geschichte Roms und der Päpste im M. A. t. I,* p. 442.

(4) Cf. ARMELLINI, *Cimiterii,* p. 722 ; *Bulletino di archeologia cristiana,* 1877, pl. XI ; MARANGARI, *Acta S. Victorini,* 1740, p. 40. — Remarquons cependant que dans certaines représentations Paul, comme cofondateur de l'Eglise romaine, participe aux mêmes honneurs.

(5) Cf. GARRUCCI, *Vetri ornati di figure in oro,* 2e édit. tab. 467.

expressions d'un poète chrétien (1). D'autres fois, mais rarement, il prend la place du bon Pasteur lui-même : ainsi, sur une mosaïque du IVe siècle, il est orné du nimbe et assis sur une chaise entre deux brebis (2). Plusieurs reliefs le représentent recevant les clefs du royaume des cieux (3).

3° *Pierre représenté sous les traits de Moïse.* — Ce symbole indique nettement que Pierre est le conducteur et le chef du nouveau peuple de Dieu, comme Moïse le fut de l'ancien. Cette pensée se trouve dans Prudence (4). Les représentations de ce genre sont assez nombreuses : sur deux verres à fond d'or on s'imagine voir Moïse frappant le rocher pour en faire jaillir l'eau miraculeuse ; en réalité c'est Pierre lui-même, puisqu'on lit son nom PETRU [s] sur le côté gauche des verres (5) ; cette scène est évidemment une allusion à I COR., x, 4 ; la coupe de Podgoritza, à l'Ermitage de Saint-Pétersbourg, le représente touchant un arbre [de vie ?] ; la légende de ce dessin, en latin corrompu et en écriture cursive, est : *Pierre a frappé de la verge ; les eaux ont commencé à jaillir* (6) ; Pierre se trouverait encore sous la figure de Moïse dans la crypte dite *delle peccorelle* (les petites bre-

---

(1) DRACONTIUS, *Laudes Dei*, III, 217 ; P. L., t. LX, col. 857. Cf. *Bulletino*, 1869, p. 45.

(2) Cf. *Bulletino*, 1867, p. 43 ; GRISAR, *op. cit.*, t. I, p. 444.

(3) Cf. WILPERT, *Principienfragen der christlichen Archäologie*, p. 30.

(4) *Perist.*, I ; P. L., t. LX, col. 232.

(5) Cf. GARRUCCI, *op. cit.*, tab. 179, 8, 9.

(6) Cf. *Bulletino*, 1877, pl. v, vi.

bis) (1). Sur la même surface, il est représenté, d'un côté, jeune et imberbe et ôtant ses sandales, d'un autre côté, vieux, barbu, frappant le rocher mystérieux (2). Seize sarcophages publiés par Garrucci (3) représentent le miracle de la source jaillissant du rocher ainsi que le reniement de Pierre ; sur six de ces sarcophages Pierre porte la baguette mystérieuse ; il est aisé de le reconnaître sous les traits de Moïse ; d'autres monuments ajoutent aux scènes précédentes l'emprisonnement de Pierre ayant entre les mains le bâton symbolique : ainsi le sarcophage du Latran, du IVe siècle (4). A partir du IVe siècle, Pierre est souvent représenté recevant la loi, comme Moïse la reçut sur le mont Sinaï ; dans ce groupe de représentations on voit le Sauveur sur un globe céleste, ou bien debout sur une montagne symbolique, d'où coulent quatre fleuves, qui sont évidemment les quatre fleuves du paradis terrestre, et qui paraissent figurer les quatre Evangiles ; ou bien encore on le voit entre les principaux Apôtres, tandis que les autres Apôtres sont représentés dans une zone inférieure ; d'une main il remet à Pierre le rouleau [de la loi] avec l'inscription : « Le Seigneur donne la loi » ; et il étend l'autre main dans l'attitude de quelqu'un qui parle ; quant à

(1) Cf. De Rossi, *Roma sotterranea*, t. II, p. 349-351, tables d'addition, A, B ; *Bulletino*, 1868, p. 5 ; Wilpert, *op. cit.*, p. 26 et suiv.

(2) Cf. Wilpert, *Malereien der Sakramentskapellen*, p. 38 et suiv.

(3) *Op. cit.*, tab. 313, 315, 318, 320, 323, 358, 364, 365, 367, 369, 374, 380.

(4) Cf. Grisar, *op. cit.*, p. 441.

Pierre, il reçoit le rouleau dans ses mains : ainsi le sarcophage d'Arles et un verre trouvé à Porto (1), une peinture de Priscille (2), des verres dorés où Pierre porte aussi la croix (3), un graffito sur une plaque de marbre (4), un sarcophage du Latran (5). Une mosaïque de Sainte-Constance (IV° siècle) a deux représentations parallèles : dans la première Dieu le Père donne la loi à Moïse, dans la seconde Dieu le Fils donne la loi à Pierre (6).

(1) Cf. GARRUCCI, *Storia dell'arte cristiana nei primi otto secoli della Chiesa*, t. III, p. 148.

(2) Cf. *Bulletino*, 1889, pl. VII, p. 23 et suiv.

(3) Cf. GARRUCCI, *op. cit.*, t. X, p. 8; t. XIX, p. 8.

(4) Cf. *Bulletino*, 1887, p. 07; PERRET, *Les Catacombes*, t. V, pl. III.

(5) Cf. FICKER, *Die altchristlichen Bibelwerke im... Lateran*, p. 117, n. 174.

(6) Cf. GARRUCCI, *Vetri*, tab. 207; PERATÉ, *L'archéologie chrétienne*, p. 196-197; KNELLER, *Moses und Petrus* dans *Stimmen aus Marja-Laach*, 1901, t. LX, fasc. 3, p. 237-257. — Pour tout ce paragraphe on peut consulter, R. S. BOUR dans *Dictionnaire de théologie catholique* de VACANT, t. I, col. 2007 2009.

CHAPITRE II

I. La tradition. — II. Les textes. — III. Les monu-
ments archéologiques. — IV. La liturgie.

I. — La tradition.

L'argument traditionnel a été très bien exposé par
Mgr Duchesne : « Passé le milieu du iie siècle, nous
trouvons sur ce point (la venue de saint Pierre à
Rome) une tradition précise et universelle, représentée
par les écrivains les plus considérables de toutes les
parties de l'Eglise, qui parlent du martyre de saint
Pierre à Rome comme d'une chose que tout le monde
connaît. Il suffit de citer Denis de Corinthe pour la
Grèce, saint Irénée pour la Gaule, Clément et Origène pour Alexandrie, Tertullien pour l'Afrique.
Quant à Rome, Caius nous y montre vers l'an 200
les tombeaux des Apôtres. On voit les Papes, dès le
iiie siècle, argumenter de leur qualité de successeurs
de saint Pierre ; nulle part ce titre ne leur est con-

testé. Nulle part aussi on ne voit se produire aucune revendication de succession épiscopale remontant à saint Pierre (sauf à Antioche dont la tradition est d'accord avec celle de Rome) ; nulle part ailleurs, on ne croit avoir le tombeau du Prince des Apôtres. Pour toute la chrétienté, aussitôt que l'attention est éveillée sur les souvenirs apostoliques et les droits qui s'y rattachent, c'est Rome qui est l'Eglise de Saint Pierre, c'est là qu'il est mort, qu'il a laissé son siège. Toutes les controverses entre l'Orient et Rome laissent cette situation intacte. Pour un fait si gros de conséquences, cet accord constant, unanime est fort remarquable.

« Cependant il ne serait pas décisif, s'il ne remontait pas à une très haute antiquité telle que la légende n'ait pu vicier la tradition. On peut citer de très grands succès d'imposture. En ce qui regarde saint Pierre lui-même, certains détails dont l'origine légendaire n'est guère douteuse sont parvenus à s'imposer à la tradition littéraire et liturgique de tous les pays. Serrons de plus près l'examen de nos garants (1). » Ces dernières paroles de l'éminent critique nous conduisent à l'examen des témoignages.

II. — Les textes.

Dans cet examen nous remonterons le cours des âges afin d'atteindre l'époque du fait lui-même.

(1) *Les Origines chrétiennes* (lithographié), p. 81 et suiv.

1° *Les écrivains postapostoliques*. — Tertullien, vers 190, africain, est parfaitement au courant des choses de Rome ; il invite ses lecteurs à parcourir les Eglises apostoliques, où existent encore les chaires des Apôtres : « Es-tu près de l'Achaïe ? Tu as Corinthe. Si tu n'es pas loin de la Macédoine, tu as les Philippiens, les Thessaloniciens. Si tu peux aller en Asie, tu as Ephèse. Si tu es près de l'Italie, tu as Rome, d'où nous vient l'autorité. Qu'elle est heureuse cette Eglise, à laquelle les apôtres ont communiqué toute la doctrine avec leur sang ; où Pierre a subi la même passion que le Sauveur ! » (1) ; dans son traité sur le *Baptême* il affirme que Pierre a baptisé dans les eaux du Tibre (2) ; dans un autre ouvrage il mentionne le martyre de Pierre à Rome : « Néron, dit-il, a été le premier à ensanglanter la foi naissante à Rome. Pierre est ceint par un autre (3) lorsqu'il est attaché à la croix » (4) ; dans un autre endroit il s'exprime ainsi : « Voyons... ce que pensent les Romains, auxquels Pierre et Paul ont légué l'Evangile signé de leur sang » (5). — Caius, romain, est un contemporain du pape Zéphirin (199-217), et par conséquent de Tertullien ; il est de plus un « homme ecclésiastique » (6) ; dans un dialogue contre un certain Proclus de la secte des Montanistes, il lui parle ainsi : « Je puis te montrer les trophées [les tombeaux] des Apôtres ; si tu

---

(1) *Præscript.*, c. xxxvi ; P. L., t. II, col. 49.
(2) C. iv ; P. L, t. I, col. 1203.
(3) Allusion à Joa., xxi, 18.
(4) *Scorp.* (montaniste), c. xv ; P. L., t. II, col. 151.
(5) *Adv. Marc.* (montaniste), l. IV, c. v ; P. L., t. II, col. 366.
(6) Eusèbe, H. E., ii, 256.

veux aller au Vatican ou sur la voie d'Ostie, tu y trouveras les trophées des fondateurs de cette Eglise » (1).
— Saint Irénée, né vers 125 et martyrisé durant la persécution de Septime Sévère, vers 202, nous dit que « Matthieu a composé un Evangile en hébreu à l'époque où Pierre et Paul annonçaient l'Evangile à Rome et y fondaient l'Eglise » (2). — Papias d'Hiérapolis, (entre 138 et 150), ami de Polycarpe de Smyrne, écrivit un ouvrage en cinq livres : « Explication des paroles du Seigneur », dont Eusèbe nous a conservé des fragments. Papias rapporte les paroles du presbytre, à savoir que « Marc, interprète de Pierre, n'avait fait qu'écrire [dans son Evangile], sans ordre tout ce qu'il se rappelait des paroles ou des actions du Christ » (3) ; il avait recueilli les enseignements de Pierre ; quoique la ville de Rome ne soit pas nommée, Weizsäcker reconnaît qu'il y a dans ces paroles une allusion à la ville éternelle (4). La chose est d'autant plus plausible que ce passage s'accorde fort bien avec ce que dit Clément d'Alexandrie sur l'origine de l'Evangile selon saint Marc et sur l'apostolat de saint Pierre à Rome (5). — Denis de Corinthe, contemporain du pape Soter (vers 166-175) paraît être encore plus rapproché des événements dans ce sens qu'il les décrit avec plus de détails et de précision que Papias ; écri-

(1) Eusèbe, H. E., II, 25⁷.
(2) Adv. Hær., III, 1¹ ; P. G., t. VII, col. 844-845.
(3) Eusèbe, H. E., III, 39¹⁵.
(4) Das apostolische Zeitalter (traduction anglaise), t. II., p. 72 et suiv.
(5) Dans Eusèbe, H. E., II, 15 ; VI, 14⁶,⁷. Cf. aussi, pour l'apostolat de saint Pierre à Rome, Origène, Ibid., III, 1¹.

vant aux Romains, il leur dit : « Tous les deux [Pierre et Paul] ont d'abord répandu l'Evangile à Corinthe ; s'étant rendus en Italie, et y ayant enseigné, ils y ont subi le martyre en même temps » (1).

2° *Les Pères apostoliques.* — Ignace d'Antioche fut martyrisé à Rome sous Trajan. Quoiqu'on ne puisse dater exactement ni sa vie ni ses lettres, elles ne descendent pas sûrement plus bas que l'an 117. Sa lettre aux Romains est particulièrement intéressante. Dans le chapitre iv il adjure les Romains de ne rien faire pour lui sauver la vie, mais, tout au contraire, de le laisser mourir pour Jésus-Christ : « Priez le Seigneur, dit-il, afin que je devienne sa victime par le moyen des bêtes féroces » ; puis il ajoute avec une touchante simplicité : « Je ne vous commande pas comme Pierre et Paul ; eux apôtres, moi disciple ; eux libres, moi jusqu'à présent esclave » (2). Cette mention de Pierre et de Paul dans un document adressé aux Romains et dans des termes si significatifs prouve évidemment que les deux Apôtres avaient été à Rome et y avaient exercé l'autorité ; Ignace, en effet, ne peut leur commander comme Pierre et Paul parce qu'il n'a pas fondé leur Eglise, parce qu'il n'a jamais été leur pasteur (3). — Clément de Rome dans la *I^a Clementis*, qui paraît remonter aux environs de 96, vers la fin du règne de Domitien, ayant rappelé, iv, l'exemple de certains personnages de l'Ancien Testament, continue ainsi :

(1) Eusèbe, H. E., ii, 25⁸.
(2) iv 3,3.
(3) Cf. Lightfoot, *The Apostolic Fathers*, 2ᵉ édit., P. ii, vol. I, p. 371 ; vol. II, p. 209.

« Laissons de côté l'exemple des anciens, et arrêtons-nous aux athlètes qui sont plus près de nous ; prenons les généreux exemples de notre génération ; les grandes et les plus justes colonnes [de l'Eglise] ont été persécutées par fanatisme et par envie, et ont combattu jusqu'à la mort ; ayons devant les yeux les bons Apôtres, Pierre, qui, par un injuste fanatisme, supporta, non un ni deux, mais plusieurs travaux, et, ainsi ayant rendu témoignage, s'en alla au lieu de la gloire qui lui était due » (1). Weizsäcker fait les réflexions suivantes : « Cette lettre, la seule autorité ancienne qui nous informe de la mort de Paul à Rome (2), est aussi la seule à nous apprendre que saint Pierre souffrit le martyre. Pierre et Paul sont cités ici comme les plus puissants et les plus nobles champions qui aient souffert la persécution et trouvé la mort. Pierre vient en premier lieu : il n'a pas souffert une ou deux mais plusieurs afflictions, et est, à travers le martyre, arrivé à sa gloire. Cette description est plus courte que celle qui concerne saint Paul ; il n'est pas dit expressément de lui comme de Paul qu'il ait trouvé sa fin à Rome (3). Mais aucune de ces deux réflexions ne prouve que Pierre ne soit pas mort dans la cité éternelle : les paroles qui concernent Paul dérivent au moins d'une source. Le choix de ces deux exemples nous fait penser qu'ils appartiennent à Rome. L'auteur passe des anciens aux nouveaux, aux

____

(1) V, 1-4.

(2) *Ibid.*, v, 5-7.

(3) La chose n'est pas dite non plus expressément de Paul. Tout ce que Clément dit, *ibid.*, c'est que Paul trouva sa fin en Occident.

récents, à des temps plus proches. Il est évident que, se référant à Pierre et à Paul, il les considère non seulement comme les plus grands, mais comme les plus proches dans le temps et l'espace. Non seulement cela, mais dans ce qui suit il se borne à des faits arrivés à Rome. Avec les deux Apôtres était réunie au suprême ciment une grande multitude d'élus : ils ont beaucoup souffert, devenant des types glorieux, dit l'auteur de la lettre, au milieu de nous, ἐν ἡμῖν (1). Pierre est placé en tête de ces exemples empruntés à la proximité immédiate. Les particuliers que l'auteur énumère sont empruntés à la persécution néronienne. Tout cela s'accorde avec l'idée que Pierre, de même que Paul, de même que les autres victimes de ce temps, ait souffert à Rome » (2). Ces deux documents nous montrent que vers la fin du 1er siècle la mort de saint Pierre à Rome était connue en Orient et en Occident.

3° *Le témoignage apostolique.* — Avec la *I Petri* nous arrivons à l'époque des faits eux-mêmes (3); cette Épître est écrite à Babylone, v, 13. Or, Babylone est ici le nom symbolique de Rome : c'est ainsi que l'entendent tous les anciens auteurs ecclésiastiques et l'Apocalypse ; de plus, cette ville ne peut pas être Babylone de Chaldée, puisqu'à cette époque il n'y avait à Babylone de Chaldée que quelques Juifs, et que, d'après le Talmud lui-même, il n'y eut pas de chré-

(1) *Ibid.*, VI, 1.
(2) *Op. cit.*, t. II, p. 153.
(3) Nous supposons démontrée l'authenticité de la I Petri.

tiens avant le iiie siècle. La *I Petri* fut donc écrite de Rome à l'époque où son auteur y fondait l'Eglise. Si donc cette Epître n'est pas un témoin de la mort de saint Pierre à Rome, elle est une preuve de son ministère dans cette ville.

III. — Les monuments archéologiques.

1° *Le Vatican et la voie ostienne.* — Au iie siècle Caius affirmait, comme nous l'avons déjà vu, qu'il y avait là les trophées [les tombeaux] des fondateurs de l'Eglise romaine. L'archéologie moderne nous a apporté des précisions topographiques. C'est dans la région du Vatican que s'étendait le Cirque commencé, dans les jardins d'Agrippine, par Caius Caligula — d'où la dénomination de *Gaianum* qu'il porte dans la description régionale de Constantin — et terminé par Néron, dont il portera le nom. Pierre, victime de la persécution de Néron, dut être, tout porte à le supposer, martyrisé dans cet amphithéâtre qui servait aux spectacles sanglants des romains; là le Pape Anaclet, selon le *Liber Pontificalis*, « fit construire une mémoire [oratoire sépulcral d'après Grisar] du bienheureux Pierre »; cette mémoire devint une basilique sous Constantin le grand : « Dans les premiers temps du moyen âge on construisit [près de l'obélisque qui se trouve aujourd'hui sur la place Saint-Pierre] un oratoire en mémoire du martyre de saint Pierre. La

petite Eglise existait encore à l'époque d'Innocent III ;
depuis, elle a disparu. En échange, dans la basilique
actuelle de Saint-Pierre, à l'endroit qui est le plus près
du fameux cirque, c'est-à-dire dans la nef transversale
au sud, s'élève un autel du crucifiement de Pierre,
qui peut être regardé comme la continuation de cet
oratoire et de ses souvenirs » (1).

Cela étant, on s'explique également tous les détails
qui se sont concentrés sur le martyre de saint Pierre à
Rome. Les premiers chrétiens purent obtenir, sans
grande difficulté, le corps de leur Pontife. La loi romaine était assez libérale sur ce point. Le Digeste statue qu'il « faut donner les corps des suppliciés à ceux
qui les demandent pour les ensevelir » (2). Ayant ob-
tenu le corps de l'Apôtre, ils ne durent pas hésiter
longtemps sur le lieu de la sépulture. La partie de la
région vaticane, contiguë au Cirque, était couverte de
tombeaux ; il y en avait le long de la voie *Cornelia*,
une des grandes artères de la région vaticane, comme
le long de la voie *Appia*. Le corps du Martyr fut en-
seveli dans quelqu'un de ces tombeaux, appartenant
à quelque famille chrétienne. Un itinéraire, à l'usage
des pèlerins du VIIe siècle, dit : « Pierre repose dans
la partie occidentale de la ville, près de la voie Cornelia au premier milliaire, et les anciens pontifes, à
l'exception de quelques-uns, reposent à côté de lui
dans des tombeaux spéciaux » (3). « La topographie

____

(1) GRISAR, *I Papi nel Medio Eco* (traduit de l'allemand), t. I
p. 409°-410°.

(2) XLVIII, 24, 2.

(3) Cf. GRISAR, *op. cit.*, t. I, p. 360°-361°.

fournit précisément les indications suivantes : [le tombeau de l'Apôtre est] près du *mons aureus* (mont d'or), c'est-à-dire le long des versants de la colline vaticane, ainsi nommés à cause de la couleur du sable qui s'y trouve ; près de la *naumachia*, c'est-à-dire dans la plaine qui se trouve au-devant de cette colline ; près du *palatium neronianum* (palais de Néron), c'est-à-dire près du *Circus neronianus* ou *gaianus* (Cirque de Néron) ; enfin dans la *naumachie*, c'est-à-dire là où s'élève l'obélisque de Néron » (1). — On pourrait peut-être s'étonner que le nom de *Vaticanus* (Vatican) ne se rencontre jamais dans cette topographie ; mais il faut savoir que dans les premiers temps de Rome, le mot *Vaticanus* ne fut employé que pour désigner l'*ager vaticanus*, c'est-à-dire la plaine qui s'étend devant la colline ; ensuite il fut appliqué à toutes les hauteurs, qui sont à la partie occidentale de Rome ; c'est ainsi que le mont *Mario*, la colline *vaticane* proprement dite, et probablement le mont *Janicule* jusqu'à saint Pancrace sont groupés sous la dénomination de *montes vaticani* (monts vaticans) ; enfin, en dernier lieu et définitivement à l'époque chrétienne, on restreignit le nom *colline vaticane* à cette montagne sur les versants de laquelle s'élève la Basilique de saint Pierre.

On s'explique aussi maintenant comment le lieu du martyre put être transporté sur le Janicule : ou bien parce que le Janicule était compris dans les *Montes vaticani*, ou bien, ce qui est plus probable, parce qu'on interpréta mal les deux indications : *mons aureus*, et

______

(1) GRISAR, *op. cit.*, t. I, p. 408ᵉ.

inter duas metas (entre deux bornes) (1). « Le Janicule était, lui aussi, appelé *mons aureus* à cause de la couleur de son sable, et, à l'époque classique, on appelait *in mica aurea* (paillette d'or) la plaine sous-jacente où s'élève aujourd'hui Saint-Cosme. On estima donc pouvoir transférer au Janicule le *mons aureus* de la tradition. Par le terme *metæ* on désignait au moyen âge tous les tombeaux à forme pyramidale ; les principales *metæ* étaient celle de Romulus dans le quartier vatican, et celle de Remus, qui existe encore aujourd'hui à la porte d'Ostie, et qui n'est autre que le tombeau de Cestius. On crut donc devoir chercher entre ces deux *metæ* le lieu de la mort de l'Apôtre ; et pour sanctionner cette erreur, la ligne de conjonction, traversant le Janicule, conduisait au *mons aureus*, sur le sommet duquel se trouvait désormais un oratoire de saint Pierre, construit dans une autre circonstance » (2).

2° *La chaire de Saint Pierre.* — On s'est trop occupé de cette chaire pour que l'on puisse se dispenser d'en dire un mot ; non pour chercher dans cette voie, une preuve tant soit peu péremptoire, mais uniquement pour exposer les conclusions de la critique archéologique. On peut regarder comme probable que, au moins à partir du iii° siècle, une chaire était vénérée à Rome et était considérée comme une preuve de la succession apostolique. Au iv° siècle, le pape Damase (366-384) transporta la chaire dans le baptistère vatican

(1) Cf. Semeria, *Dogma, Gerarchia e Culto*, p. 152-153.
(2) Grisar, *op. cit.*, t. I, p. 413.

qu'il venait de construire, et composa même en cette circonstance une poésie qui fut gravée sur le baptistère. Au VIII⁰ siècle elle fut transportée dans l'oratoire de saint Léon, d'où elle fut transportée par Alexandre VII (1655-1667) là où on la voit aujourd'hui. En 1867, à l'occasion du centenaire des saints Apôtres Pierre et Paul, la chaire fut exposée au public, ce qui permit à De Rossi de l'examiner avec la plus grande attention; l'éminent archéologue romain arriva à cette conclusion : les bois extérieurs de la chaire, recouverts de dessins païens, ne remontent pas au delà du VI⁰ siècle; quelques morceaux de bois intérieurs vermoulus remontent à une haute antiquité. C'est tout ce qu'on peut dire de ce monument. Le meuble, tel qu'il est aujourd'hui, ne peut pas être la fameuse *chaise curule* de Pudens, mentionné II Tim., IV, 21, qu'a voulu y voir une aveugle tradition (1).

IV. — La liturgie.

Dans la Basilique de Saint-Pierre à Rome on célèbre trois fêtes en l'honneur du Prince des Apôtres : le 29 juin on célèbre la fête du martyre des saints Apôtres Pierre et Paul ; le 18 janvier on célèbre la fête de la première chaire de saint Pierre (*in qua primum sedit*); enfin le 22 février on célèbre la fête

---

(1) Cf. O. Marucchi, *Le Memorie dei SS. Apostoli Pietro e Paulo nella citta di Roma,* p. 103 et suiv.

de la chaire d'Antioche. La fête du 29 juin, qui date du iv⁰ siècle, et qui était célébrée en Orient le 20 décembre, porte une fausse rubrique, puisqu'elle ne se rattache nullement au jour du martyre des deux Apôtres ; en réalité, la fête du 29 juin était la mémoire de la *Depositio* de saint Pierre au Vatican, de saint Paul sur la voie d'Ostie, et de tous deux dans les catacombes en 258, sous le consulat de Bassus et Tuscius ; ces catacombes n'étaient rien autre que les souterrains, le long de la voie appienne, adjacents à l'Eglise actuelle de Saint-Sébastien, dite, pour cela, *Basilique des Apôtres*, construite probablement par le pape Damase ; en 258, le pape Xiste II (257-258) y transporta les cendres des deux Apôtres afin de les soustraire à la profanation à laquelle elles étaient exposées durant la persécution de Valérien (1). La fête du 29 juin, qui remémorait la *Depositio*, devint peu à peu la fête du *Natale Petri*. Quant aux fêtes du 18 janvier et du 22 février, elles ne sont en réalité qu'une seule et même fête, la fête de la chaire de Pierre à Rome, *Natale Petri de cathedra*. Mais pourquoi une double fête pour le même événement ? L'explication la plus plausible paraît être celle de Mgr Duchesne : l'Eglise gallicane, qui ne célébrait pas de fêtes durant le Carême, avança au 18 janvier la fête romaine du 22 février (temps du Carême), laquelle est certainement la plus ancienne, puisqu'elle figure

(1) Cf. DE WAAL, *Die Apostelgruft ad Catacumbas an der Via Appia*, dans *Römische Quartalschrift*, 3 Supplementheft, 1894 ; GRISAR, dans *Civiltà cattolica*, 1895, t. II, p. 460-472 ; et dans *Römische Quartalschrift*, t. IX, (1895), p. 409-461.

sur les calendriers romains du commencement du
iv° siècle. Ainsi pendant quelque temps la même
fête était célébrée à Rome le 22 février et en Gaule
le 18 janvier ; plus tard les Eglises gallicanes adop-
tèrent le calendrier romain ; dès lors elles célébrèrent
à la fois la fête romaine du 22 février et celle du
18 janvier ; cet usage liturgique gallican finit par
s'introduire à Rome ; de là, la double fête célébrée
dans la Basilique Vaticane (1).

(1) Cf. O. MARUCCHI, *op. cit.*, p. 103 et suiv. ; SEMERIA, *op. cit.*
p. 158-161.

CHAPITRE III

L'APOSTOLAT DE SAINT PIERRE A ROME ET L'ÉCOLE DE
TUBINGUE

*I. Le système de l'école de Tubingue. — II. Critique
de ce système.*

I. — Le système de l'école de Tubingue.

L'école de Tubingue, représentée par Baur et
Lipsius, qui regarde comme une légende la mort de
saint Pierre à Rome, s'est cependant efforcée de recons-
tituer les origines de cette légende. Si la tentative est
ingénieuse, elle n'en repose pas moins sur une vaste
construction hypothétique, où les matériaux historiques ne tiennent qu'une place absolument insigni-
fiante. Nous ne pouvons pas passer sous silence cette
thèse fantaisiste, qui a été regardée par bon nombre
d'esprits, comme l'attaque la plus savante et la plus
habile dirigée contre les origines apostoliques de
l'Eglise romaine.

Tout l'effort de l'école de Tubingue a consisté à solidariser le ministère de saint Pierre et son prétendu conflit avec Simon le Magicien ; souder ces deux données, c'était, dans sa pensée, les mettre sur le même pied ; et comme le prétendu conflit est une pure légende, la mort de saint Pierre à Rome rentrait par là même dans le domaine de la légende ; on voulut donc lier le sort de la venue de Pierre à Rome à son prétendu conflit avec Simon, afin que la légende entraînât dans sa chute le fait historique lui-même.

A cela il fallait un *point de départ*. Baur se chargea de le trouver ; le chef de l'école critique de Tubingue réduit toute l'histoire primitive du christianisme à une lutte aiguë entre le *Pétrinisme* et le *Paulinisme*. Ce conflit entre l'esprit de Pierre et l'esprit de Paul se serait apaisé vers le milieu du IIe siècle ; on aurait alors cherché à en effacer toute trace dans le passé ; de là une première conclusion : les documents, qui ne contiennent aucune trace de ce conflit, sont relativement récents ; les documents qui en contiennent des traces sont très anciens. Il faut donc s'engager dans l'examen et la classification des documents. La littérature chrétienne possédait, dès une antiquité assez respectable, un ouvrage, placé sous le nom de Clément de Rome, composé de deux parties bien distinctes : les *Récognitions* et les *Homélies*, et pénétré d'une doctrine ébionite ; c'est ce qu'on appelle aujourd'hui le *Roman pseudo-clémentin*. À l'ébionisme appartiennent l'auteur ou les auteurs de cette compilation, lesquels, pour donner plus de crédit à leur doctrine, la placèrent dans la bouche de Pierre, et

placèrent le tout sous le nom et l'autorité de Clément.
Pierre y combat Simon le Magicien, mais il est
visible, à la simple lecture, que Simon n'est qu'un
prête-nom ; en réalité c'est Paul qui est combattu
par Pierre.

Et la *date* de cette composition ? Les *Récognitions*
et les *Homélies*, telles que nous les avons aujour-
d'hui, ne peuvent pas remonter au delà de l'an 200 ;
leur antiquité n'est donc pas homérique ; c'était là
un point faible. Mais les *Récognitions* et les *Homélies*
dépendent d'un document, et c'est ce document qui
est très ancien et qui va rejoindre l'âge troublé du
Pétrinisme et du *Paulinisme*. Ce document est le
grand cheval de bataille de Baur. Ici, pour bien
encadrer le système, nous avons besoin de faire une
digression. Certains Pères parlent bien du conflit
entre Pierre et Simon ; l'ancienne école ultra-tradi-
tionaliste, même parmi nous, s'était prévalue du
témoignage de ces Pères pour soutenir l'historicité
du duel pétrino-simonien. Mais la critique a distingué
trois directions dans ce courant traditionnel relatif
à la légende simonienne : la première, représentée
par Justin, Irénée et Tertullien, mentionne la *présence*
de Simon à Rome, mais ne dit rien de ses relations
avec Pierre ; la deuxième, représentée par le roman
pseudo-clémentin, parle des *rapports* de Pierre et de
Simon, mais les localise en Syrie ; la troisième, qu'on
appelle la *romaine*, représentée par un nombre
d'écrits assez variés, place à Rome la scène et lui
donne la forme qu'elle a dans la légende populaire (1).

____

(1) Cf. Duchesne, *Les Origines chrétiennes*, chap. VIII ; Id., dans

Revenons à l'école de Tubingue. Sa tactique a consisté à faire dériver cette triple tradition légendaire, relative aux exploits de Simon le Magicien, d'un document très ancien, écrit à Rome dans un esprit ébionite ; de ce même document elle fait dériver la tradition, légendaire à son avis, de l'arrivée et de la mort de saint Pierre à Rome. En résumé, la légende simonienne et la prétendue légende pétrinienne dériveraient toutes deux d'un seul et même document éclos à Rome.

Comment prouve-t-on l'existence de ce document-souche ? C'est au service de cette tâche que Lipsius, disciple de Baur, a mis des trésors d'érudition ; on est étonné de ce colossal effort, d'autant plus étonné que les résultats en sont d'une faiblesse extrême. L'unique preuve de l'existence de ce document, donnée par Lipsius, c'est la parenté qui existe entre les trois lignes traditionnelles : justinienne, pseudo-clémentine et romaine ; leur parenté ne pourrait s'expliquer qu'en supposant qu'elles dérivent d'une source commune ; chacune de ces trois lignes révélerait un caractère particulier de ce document : 1º saint Justin en accuse l'*antiquité* ; le document est antérieur à la première Apologie de Justin, qui l'utilise, par conséquent au moins antérieur à l'an 150 ; d'autres indices le feraient remonter au moins à l'an 125 ; 2º le roman pseudo-clémentin accuse son *esprit ébionite*, car le document doit être du même esprit que ce roman ; 3º la tradition romaine en dévoile le *lieu d'origine* ;

les *Mélanges De Rossi* ; Id., *Bulletin critique*, 1887, p. 161 et suiv. ; Id., *Le Forum chrétien*, p. 11 et suiv.

le document a vu le jour à Rome. Conclusion : le document primitif est une pièce ébionite, écrite à Rome avant la première Apologie de saint Justin, à peu près vers l'an 125.

II. — Critique de ce système.

I. Preuves directes. — Trois observations suffiront à montrer la fausseté de cet étrange système ; 1° Il repose sur un principe absolument hypothétique : la lutte, à l'origine, entre le *Pétrinisme et le Paulinisme*. Cette hypothèse, comme théorie générale, non seulement n'a jamais été démontrée, mais de plus elle est en opposition avec toutes les données historiques. Il a existé, il est vrai, une divergence quant à la pratique entre Pierre et Paul touchant les observances légales du mosaïsme ; mais cette opposition n'a été qu'un incident personnel, et de plus l'histoire nous en a conservé les traces (1). Quant à une opposition générale qui aurait divisé l'Eglise en deux partis, c'est une pure rêverie, car elle ne peut alléguer en sa faveur aucun document historique ; si ces deux partis avaient réellement existé, et s'ils avaient agité le christianisme naissant, le souvenir s'en serait certainement conservé quelque part. Au fond, ce point de départ de Baur n'est qu'une thèse *tendancieuse*. — 2° Une autre hypothèse purement arbitraire sert de point d'appui

_____
(1) *Epître aux Galates*, II, 11-14.

au système : on nous a dit que le document-souche est un écrit ébionite composé à Rome vers 135; pour qu'un écrit de cette nature pût prendre naissance à Rome, il eût nécessairement fallu que quelque cercle ébionite eût envahi la chrétienté romaine; or, à cette époque, l'histoire ne constate aucune trace d'ébionisme à Rome; le document primitif serait donc le fruit d'une génération spontanée. — 3° Admettons même l'existence de ce document primitif; suffira-t-il à réduire à une légende le ministère de Pierre à Rome ? Nullement. Car trois témoignages de la plus haute valeur, qui se portent garants de la mort du Prince des Apôtres à Rome, à savoir, celui de saint Ignace, celui de saint Clément, et celui de la *I Petri*, auxquels on peut ajouter ce que dit Caius des Trophées des deux Apôtres, seraient en tout cas antérieurs au document ébionite, et n'en dépendraient à aucun titre. Le fait historique de l'apostolat de Pierre à Rome repose sur des preuves qui n'ont rien à faire avec le fameux document, qui ressemble quelque peu au *Batyblos* de la biologie spontanée.

II. **Preuve indirecte.** — La raison pour laquelle on a supposé le document primitif, n'en justifie pas l'existence; les trois traditions simoniennes sont, en effet, indépendantes l'une de l'autre; dès lors elles ne découlent pas d'une source commune. Celle de saint Justin découle uniquement d'une inscription découverte, sur le socle d'une statue, au xvi° siècle, dans l'île tibérine : *Semoni Sanco Deo Fidio Sacrum.* Sémo Sancus était une divinité sabine, à laquelle il est tout naturel que l'empereur Claude, infatué pour la reli-

gion des Sabins, ait élevé une statue ; saint Justin lut
Simoni pour *SEmoni*, et cette première lecture amena
l'autre : *Sanc*[T]*o* pour *Sanco* ; l'apologiste eut donc
ainsi : *Simoni Sancto*, « à Simon Saint ». — La tradition pseudo-clémentine a eu son origine en Syrie
entre la fin du II⁰ siècle et le commencement du III⁰ ;
l'étrange composition qu'est le roman pseudo-clémentin connaît Justin mais ne l'utilise pas ; on la mit
sous le couvert de Clément de Rome parce que, à cette
époque, Clément jouissait de la plus grande autorité
tant en Orient qu'en Occident ; pris en lui-même le roman pseudo-clémentin est une construction *historico-
doctrinale*, à laquelle servent de fondement Simon le
Magicien, personnage historique, et la dogmatique
ébionite. — Quant à la tradition romaine elle est plus
compliquée ; elle est inconnue à Justin et au roman
pseudo-clémentin ; le fond est au moins antérieur à
235, car les *Philosophoumena* ne la connaissent pas ;
en effet, d'après les *Philosophoumena*, Simon le Magicien essaie d'imiter la résurrection de Jésus-Christ,
tandis que, suivant la tradition romaine, il imite son
ascension ; d'après toutes les probabilités, cette tradition remonte à l'an 222, et elle a sûrement varié dans
le cours des âges ; son fondement paraît être l'équi-
voque même qui a égaré saint Justin, c'est-à-dire la
fausse lecture d'une inscription. Concluons donc : les
trois traditions sont indépendantes l'une de l'autre ;
par conséquent, le document qui leur aurait servi de
source commune n'a aucune raison d'être, ni historique, ni critique.

CHAPITRE IV

I. *Les textes.* — II. *Les faits.*

I. — Les textes.

Ignace d'Antioche, dans la si curieuse suscription de son Epître aux Romains, appelle l'Eglise de Rome la « présidente de la charité », προκαθημένη τῆς ἀγάπης. Comment faut-il entendre ces expressions ? Mgr Duchesne donne au mot ἀγάπη, « charité », un sens concret, celui de « fraternité », c'est-à-dire « l'ensemble de la chrétienté », la « société chrétienne », et au mot προκαθημένη celui de « présidente par autorité » proprement dite ; le passage d'Ignace d'Antioche signifierait donc que l'Eglise romaine est la « tête de la chrétienté », à peu près notre formule actuelle : « mère et maîtresse de toutes les Eglises ». « Le sens le plus naturel de ce langage, c'est que l'Eglise romaine préside à l'ensemble des Eglises. Comme l'évêque préside dans son Eglise aux œuvres de charité, ainsi l'Eglise romaine préside à ces mêmes œuvres dans la chrétienté tout entière » (1). — Ad. Harnack donne une autre interprétation ; pour lui le mot ἀγάπη a le sens abstrait de « charité », et par voie de conséquence le mot προκάθησθαι celui de « se distinguer », « l'emporter » ; le langage de l'évêque d'Antioche signifierait donc que l'Eglise romaine « est au premier rang et se distingue parmi toutes les autres par sa grande charité » (2).

Sans oser dire que l'interprétation du savant berlinois soit évidemment fausse, nous soutenons cependant que celle de Mgr Duchesne est bien plus probable pour deux raisons : en premier lieu le sens naturel de προκάθησθαι est « être à la tête », « avoir la présidence » ; en second lieu le contexte est favorable à cette interprétation ; deux lignes plus haut, dans cette même suscription, le mot προκάθησθαι a certainement ce dernier sens : « [l'Eglise] qui *préside* dans le lieu [la région] des Romains », c'est-à-dire l'Eglise qui est à la tête de la communauté de Rome. — Nous n'aurions du reste pas besoin de cette exégèse pour établir que l'Epître ignatienne est un témoin de la primauté romaine ; la lettre, en d'autres endroits, parle de l'Eglise romaine en termes tels qu'il n'est pas possible de se faire illusion ; ainsi les fidèles de Rome « sont remplis de la grâce de Dieu ; ils sont purs de tout alliage étranger en Jésus-Christ » (suscription), ce

(1) *Op. cit.*, p. 128.
(2) *Das Zeugniss des Ignatius über das Ansehen der römischen Gemeinde.* (Mémoire lu à l'Académie de Berlin, le 6 février 1896.)

qui indique évidemment la pureté et la fermeté de leur foi; III, I, nous lisons : « Vous n'avez jamais critiqué personne; vous avez enseigné les autres ; quant à moi, je veux que stable demeure tout ce que vous *ordonnez en enseignant* »; IX, I, est un passage vraiment touchant : « Souvenez-vous dans vos prières de l'Eglise qui est en Syrie, qui a Dieu pour pasteur à ma place ; Jésus-Christ seul la surveillera *ainsi que votre charité* ». C'est probablement frappé par un tel langage qu'Harnack lui-même reconnaît sans hésitation que « l'Eglise romaine était incontestablement la première de la chrétienté » (1).

Dans un passage assez long, Irénée déclare que toutes les Eglises sont tenues de « *convenire* » avec l'Eglise romaine à cause de son importance toute particulière (2). Il existe une certaine difficulté sur le sens de *convenire* ; les uns le traduisent par « s'accorder » ; dans ce cas, le sens de la phrase serait que toutes les Eglises doivent « s'accorder avec l'Eglise romaine », ce qui indique que l'Eglise romaine est la règle de foi universelle ; d'autres le traduisent par « s'assembler » [recourir] à Rome afin de vider les débats qui se seraient élevés dans les autres Eglises, ce qui indique naturellement que l'Eglise romaine est le tribunal suprême de la chrétienté, l'autorité qui juge en dernier ressort. La chose ne tire pas à conséquence ; « Quelque version qu'on adopte, la preuve que fournit

(1) « War [die römische Kirche] unstreitig die erste Kirche der Christenheit ». (*Op. cit.*)

(2) *Adv. hær.*, III, 3²; P. G., t. VII, col. 848-849.

ce texte, en faveur de la primauté romaine, reste évidemment la même » (1).

A ces textes de premier ordre on peut en ajouter d'autres : Tertullien appelle, ironiquement, il est vrai, l'évêque de Rome, du titre qu'il porte encore aujourd'hui, le « Souverain Pontife » (*Pontifex maximus*) et « l'évêque des évêques » (*episcopus episcoporum*) (2) ; saint Cyprien exprime assez clairement sa pensée lorsqu'il déclare que la « primauté a été donnée à Pierre » (*Primatus Petro datur*) (3), et surtout que l'Eglise romaine est « l'Eglise principale d'où dérive l'unité sacerdotale » (*Ecclesia principalis unde unitas sacerdotalis orta est*) (4).

II. — Les faits.

On peut grouper sous trois chefs les faits qui démontrent la primauté de l'évêque de Rome dans les trois premiers siècles.

(1) Funk-Hemmer, *Histoire de l'Eglise*, 1re édit., t. I, p. 95. Cf. Ad. Harnack, *Das Zeugniss des Irenäus über das Ansehen der römischen Kirche*; F.-X. Funk, *Das Primat der römischen Kirche nach Ignatius und Irenäus*, dans les *Kirchengeschichtliche Abhandlungen und Untersuchungen*, t. I ; Chapman, *Le témoignage de S. Irénée en faveur de la primauté romaine* dans *Revue bénédictine*, t. XII (1895).
(2) *De Pudic.*, c. 1 ; P. L., t. II, col. 981.
(3) *De unit. Eccles.*, c. IV ; P. L., t. IV, col. 500.
(4) *Epist. XII*, n. IV ; P. L., t. III, col. 844-845.

1° *La reconnaissance pratique de cette primauté.* — Le premier fait, qu'il faut mettre en tête de liste, est la Lettre de saint Clément de Rome aux Corinthiens connue sous le titre de *I Clementis*; c'est là un acte de la plus haute importance. Ce document doit être envisagé à un double point de vue : 1. *Comme un fait;* on sait que des dissensions s'étaient élevées dans l'Eglise de Corinthe ; l'Eglise romaine intervint dans ces conflits pour rétablir la paix. La chose est d'autant plus frappante que cette intervention n'avait été nullement invoquée par la communauté de Corinthe, mais était absolument spontanée ; ce qui montre encore plus l'importance de cette intervention c'est que, au moment où elle se produisit, vivait à Ephèse l'Apôtre saint Jean, à qui il eût été plus facile, vu la proximité des lieux, de remplir ce rôle (1). Cette lettre de Clément fut conservée à Corinthe comme un monument et fut placée au nombre des Ecritures canoniques ; au dire de Denis de Corinthe on la lisait encore de son temps publiquement dans l'Eglise, le dimanche (2). — 2. *Dans sa teneur ;* le ton de la lettre, quoique plein de charité, est cependant impératif (3) ; on nous permettra de faire quelques citations, pour montrer combien l'auteur a conscience de son autorité : XLIV, 3, déclare que l'on ne peut pas déposer en justice ceux qui ont été établis par les Apôtres, ou, dans la suite, par des hommes éminents avec l'assentiment de la communauté, et qui se sont acquittés de

---

(1) Cf. DUCHESNE, *Eglises séparées*, p. 126.
(2) EUSÈBE, H. E., IV, 23¹¹.
(3) Notamment, c. LVI-LXV.

leur office sans reproche ; — LIX, 1-2, l'auteur affirme que « s'il en est qui n'obéissent pas à ce que Dieu a dit par sa bouche, ils se rendent coupables et s'exposent à un grand danger ; quant à lui, il est innocent de leur péché, et continuera de prier... afin que Dieu conserve dans le monde le nombre de ses élus, etc. » ; — la conclusion, LXV, est tout à fait touchante : « Claudius Ephébus, Valérius Biton et Fortunatus, que nous vous avons envoyés, renvoyez-les-nous aussitôt en paix et avec joie, afin qu'ils nous annoncent plus vite votre paix, que nous désirons tant, et votre concorde, et que nous puissions ainsi nous réjouir de votre bonne situation ».

A cet ordre de faits on peut rattacher la visite de Polycarpe au pape Anicet au sujet de la célébration de la Pâque (1) ; cette visite a une signification toute spéciale ; Polycarpe est un personnage apostolique ; il a connu saint Jean dont il a recueilli les enseignements ; il occupe le siège de Smyrne et est l'oracle de l'Asie ; si donc, dans une question de cette nature, il fait le voyage de Rome pour consulter Anicet, c'est qu'il est convaincu que l'évêque de Rome est le chef de toutes les Eglises. C'est aussi sous le pontificat d'Anicet qu'Hégésippe se rend à Rome, où il demeure jusqu'au pontificat d'Eleuthère (2). Hégésippe va à Rome pour recueillir sur place les enseignements de cette Eglise et se pénétrer de sa doctrine et de ses traditions.

(1) EUSÈBE, H. E., IV, 14¹, d'après Irénée ; V, 24¹⁶ (paroles mêmes d'Irénée).
(2) *Ibid.*, IV, 11⁷.

2° *Les controverses*. — L'évêque de Rome tranche les controverses qui s'élèvent dans l'Eglise. De ce fait les exemples sont assez nombreux. Le pape Victor Ier intervint par son autorité dans la controverse pascale ; pour trancher cette question qui agitait diverses Eglises et qui était un point de divergence entre l'Orient et l'Occident, il ordonna de convoquer des conciles dans toute l'Eglise ; nous le pouvons conclure de ce que de fait il y eut des conciles dans toute l'Eglise sur le même sujet : en Palestine, dans le Pont, dans la Gaule, en Osroène ; certains évêques, tels que Bacchylus de Corinthe, donnèrent leur avis séparément (1). Polycrate, évêque d'Ephèse, le déclare positivement au Pape, dans une lettre peu respectueuse, il est vrai, mais pour cause (2) ; car seuls les Asiates quartodécimans étaient d'un avis différent ; tous les autres suivaient la pratique romaine. Les Asiates ne cédèrent pas tout d'abord ; toutefois ils cédèrent dans le cours du IIIe siècle. Victor, ne doutant pas de son autorité, veut les séparer de la communion de l'Eglise. Saint Irénée, trouvant la peine un peu sévère, intervient auprès du pontife romain et l'exhorte à user de douceur et de charité comme ses prédécesseurs, sans nier son droit (3). — Le pape Calliste intervint dans la difficile question de la discipline pénitentielle, et porta un décret destiné à exercer une influence capitale sur les phases de la

(1) Eusèbe, H. E. v, 23[24].
(2) *Ibid.*, v, 24[8].
(3) *Ibid.*, v, 24[9-17]. — Cf. Duchesne, *Les Origines chrétiennes*, p. 244 ; Id., *Eglises séparées*, p. 142-144.

doctrine et de la pratique en matière de pénitence ; c'est lui aussi qui condamna Sabellius (1) et jamais condamnation fut plus décisive ; être sabellien dans l'antiquité c'était être hérétique sans contestation possible. Tertullien appelle le décret de Calliste un *édit* souverain, qui ne comporte aucune interprétation, parce qu'il tranche un des nombreux litiges (2). — Une autre intervention autoritaire est celle du pape saint Etienne dans la question du baptême des hérétiques ; un concile africain, tenu (entre 218 et 222) par Agripinus de Carthage, avait prescrit de rebaptiser les hérétiques qui se convertissaient ; trois autres conciles carthaginois, célébrés sous saint Cyprien, confirmèrent cette décision, à laquelle adhéra Firmilien, évêque de Césarée, en Cappadoce. Le pape saint Etienne se prononça pour la validité du baptême des hérétiques, et ordonna aux Africains de ne rien innover sur ce point (3) ; en même temps il menaçait les opposants de l'excommunication ; Denis d'Alexandrie lui écrivit pour prévenir la rupture (4).

Deux autres faits du même ordre méritent d'être rappelés : saint Denis d'Alexandrie, le premier siège d'Orient à cette époque, est accusé d'hérésie ; le pape

---

(1) *Philosoph.*, IX, 12 ; P. G., t. XVI, col. 3383.

(2) *...edictum..... et quidem peremptorium.* (*De Pudic.*, c. 1 ; P. L., t. II, col. 980-981). Sur ce décret de Calliste on peut lire BATIFFOL, *Etudes d'histoire et de théologie positive*, 1re édit., p. 89-110.

(3) C'est la fameuse règle : *Nihil innovetur nisi quod traditum est.* Cf. saint CYPRIEN, *Epist. ad Pompeium*, n. 11 ; P. L., t. III, col. 1175 ; EUSÈBE, H. E., VII, 3.

(4) EUSÈBE, H. E., VII, 5-6.

saint Denis (259-268) lui ordonne de se justifier (1); il tient à son sujet un synode à Rome dont il lui communique la décision, où se trouve pour la première fois le mot « consubstantiel » appliqué au Fils ; saint Denis d'Alexandrie se hâta d'envoyer à Rome des explications justificatives (2). Saint Cyprien écrit au pape saint Etienne pour le prier de déposer Marcien, évêque d'Arles (3).

3° *Conduite des hérétiques.* — Pour accréditer leurs doctrines, ils n'ont rien tant à cœur que de se faire reconnaître à Rome ; ils ont recours à toutes les intrigues pour gagner la confiance du siège romain, et circonvenir en leur faveur la chaire de Pierre ; c'est ce que leur reprochait saint Cyprien : « Ils osent, dit-il, se diriger vers la chaire de Pierre »; *Navigare audent ad Petri cathedram* (4). Ce phénomène se produisit surtout durant les crises montaniste, patripassienne et novatienne ; on connaît les perfides manœuvres de Novatus et de Novatien à Rome pour s'emparer du siège apostolique ; frustrés par l'élection de Corneille (5 mars 251), ils se jettent dans le schisme.

(1) P. G., t. X, col. 1236.
(2) Cf. saint ATHANASE, *De Synod.*, 43 ; P. G., t. XXVI, col. 769 ; *De decret. nic. syn.*, 26 ; P. G., t. XXV. col. 461, 464-465.
(3) P. L., t. III, col. 1023-1032.
(4) *Epist. XII*, n. IV ; P. L., t. III, col. 844.

CHAPITRE V

NATURE DE CETTE PRIMAUTÉ

I. *Primauté unitaire.* — II. *Primauté juridictionnelle.*

I. — Primauté unitaire.

1° *Exposé de la théorie contraire.* — Tout en admettant, dès les premiers siècles, la primauté de l'Eglise romaine, Lightfoot s'est efforcé d'en travestir la nature et le caractère. Partant de ce fait que la lettre de saint Ignace d'Antioche est adressée, non à un individu, mais à la communauté romaine, et que la lettre de saint Clément aux Corinthiens est écrite, non au nom d'un individu, mais au nom de toute la communauté, il en conclut que, au moins à cette époque, la primauté n'appartenait pas à l'évêque mais à l'Eglise romaine, qu'elle n'était pas *unitaire* mais *collective*. A l'entendre, la doctrine actuelle de l'Eglise romaine serait en contradiction avec les faits historiques, parce qu'elle aurait renversé les rapports entre l'évêque et la communauté : « [La doctrine de l'Eglise romaine] suppose, dit-il, que l'Eglise de Rome tire toute son autorité de l'évêque de Rome, comme successeur de Pierre. L'histoire intervertit cette relation et montre... que le pouvoir de l'évêque de Rome s'éleva sur celui de son Eglise ».

2° *Critique.* — Cette opinion est en désaccord avec la grande masse des éléments historiques ; outre les deux documents, auxquels on en appelle, il existe, comme nous l'avons montré, une foule d'autres textes et de faits qui concernent directement l'évêque de Rome lui-même. De plus, les deux documents ci-dessus mentionnés n'autorisent pas la conclusion qu'on voudrait en tirer ; quoique la lettre de saint Clément soit écrite au nom de la communauté romaine, cela ne prouve pas qu'il n'y eût un supérieur à la tête de cette communauté ; ne savons-nous pas que, bien qu'écrite au nom de la communauté romaine, la lettre fut cependant composée et écrite par Clément lui-même, ainsi que le dit Denis de Corinthe ? (1). Nous en dirons autant de la lettre d'Ignace ; toutes les lettres ignatiennes sont, pourrait-on dire, *prégnantes* de l'épiscopat unitaire (2). Si Rome possédait un évêque, il concentrait en lui toute l'autorité de l'Eglise. Si ces évêques ne parlent pas en leur nom, mais au nom du troupeau qu'ils gouvernent, cette conduite prouve uniquement que les liens qui existaient alors entre les communautés et leurs chefs

(1) EUSÈBE, H. E., IV, 23[11].
(2) Voir mon Opuscule, *Les Origines de l'épiscopat*, p. 25-29.

étaient bien plus étroits qu'aujourd'hui ; cette intimité
entre le Pasteur et ses ouailles tenait à la condition
même de ces communautés primitives : très restreintes
quant au nombre de leurs membres, elles avaient une
vie sociale bien plus intense ; elles n'étaient pas tant
une communauté qu'une famille ; les rapports entre
la tête et les membres étaient continuels, et, pourrait-
on dire, la vie en était commune. Cette assiduité de
rapports faisait que tous se regardaient comme une
seule chose, et parlaient comme tels. Aujourd'hui
même, bien que cet idéal ne se réalise pas au même
degré, il n'a pas cependant totalement disparu de
l'Eglise ; l'évêque, dans son diocèse, n'est, à proprement parler, ni un *roi*, ni un *maître* ; il est le *père* de
ses ouailles et l'époux de son Eglise ; la formule *Nous*,
qu'il emploie dans les documents publics, n'est pas
un reste d'orgueil païen, mais un souvenir de fraternité chrétienne. — Ajoutons pour conclure qu'il est
historiquement inexact de dire que l'autorité soit dé-
rivée de la communauté à l'évêque ; car autre chose
est de dire que l'évêque *reçoit* son autorité de l'Eglise,
autre chose de dire que l'évêque n'a d'autorité *qu'en
tant* qu'il est évêque de l'Eglise. Rome n'est pas la première Eglise du monde, parce qu'elle a un tel évêque,
mais tel évêque est le premier du monde, parce qu'il
est évêque de Rome. Pour parler exactement, ni le
pouvoir de l'Eglise dérive de celui de l'évêque, ni celui de l'évêque de celui de l'Eglise — car dans un organisme humain ni la tête dérive des membres, ni les
membres de la tête — mais de même que la tête et les
membres constituent un seul corps naturel, ainsi l'évêque et les fidèles constituent un seul corps divin.

II. — Primauté juridictionnelle.

1° *Exposé de la théorie contraire.* — Le même auteur, suivi par Ad. Harnack, prétend que la primauté romaine était dans les premiers temps d'ordre purement *moral ;* elle ne comportait aucune autorité proprement dite. Rome exerçait sa primauté par sa grande bonté et sa grande charité (1). Nous avons déjà vu que c'est de cette façon que l'on entend l'expression ignatienne de « présidente de la charité » appliquée à l'Eglise romaine.

2° *Critique.* — Cette interprétation de la primauté primitive se heurte aux conclusions de l'histoire ; toutes les preuves historiques, que nous avons assez longuement exposées et analysées, déposent en faveur d'une primauté d'autorité, de juridiction ; il est donc impossible de se faire illusion sur le fond de la question. On peut faire cependant une concession au savant anglais : c'est que l'exercice de cette autorité, dans ces âges vénérables, était empreint de douceur, de charité et de mansuétude. Dans l'exercice de sa primauté, Rome n'était ni un despote, ni même une reine ; elle était une vraie mère, et, on peut ajouter, une sœur aînée par rapport aux autres Eglises ; son

(1) « A primacy not of official authority, but of practical goodness ».

autorité était, pour ainsi dire, subordonnée au bien de ses sujets ; l'image du bon Pasteur gouvernant ses brebis se réalisait dans toute sa perfection ; au surplus, la douceur et la longanimité ont toujours été et seront toujours les caractères distinctifs de l'autorité pontificale. Mais prenons garde que cette perspective séduisante ne nous fasse perdre de vue la réalité des choses ; ni que l'admirable encadrement ne nous cache le tableau ; la charité dans les procédés n'est pas l'antithèse de l'autorité, et la bonté n'est pas la négation du pouvoir. Ce qui prouve d'ailleurs que la primauté de Rome ne reposait pas sur sa charité et sa bonté, c'est un autre fait historique qu'il ne faut pas omettre de signaler, quoiqu'il paraisse insignifiant : en général la charité est réciproque ; or, comment se fait-il que c'est toujours l'Eglise romaine qui admoneste et corrige les autres, tandis que les autres Eglises ne s'avisent jamais de remplir un pareil office à l'égard de l'Eglise romaine ? Cette absence de réciprocité prouve bien que les rapports de l'Eglise romaine avec les autres étaient plus que des rapports de simple charité et de simple fraternité ; c'était une autorité, mais une autorité revêtue de bonté et de charité.

CHAPITRE VI

1º *Théorie protestante.* — Lightfoot et Ad. Harnack prétendent que la primauté pontificale, et dans ses plus lointaines origines et dans ses manifestations de plus en plus éclatantes, a sa raison d'être dans la situation politique de Rome, capitale de l'empire romain ; le gouvernement de l'Eglise se serait modelé sur le gouvernement impérial, et l'évêque de Rome serait devenu le Chef de tous les autres parce qu'il était évêque de la capitale de l'empire.

2º *Critique.* — On peut répondre que c'est là une interprétation tardive qui n'a aucune attache avec les premiers siècles du christianisme ; on veut expliquer par des circonstances politiques un fait essentiellement religieux, mais ces essais sont des vues rétrospectives sur un passé d'une tout autre nature. Les documents historiques, qui nous ont servi à montrer la primauté du siège romain, ne font aucune mention de la situation politique de la ville ; il n'y a pas même l'ombre d'une allusion. De plus, cette explication a ses premières origines dans les ambitions byzantines ; comme le fait remarquer Mgr Duchesne, l'idée que l'importance politique d'une ville doive déterminer sa situation religieuse, se fait jour pour la première fois dans le monde byzantin dans le but de défendre l'assimilation, introduite depuis Théodose entre les Pontifes de la nouvelle Rome et ceux de l'ancienne. Dans les plus anciens documents c'est au souvenir des Apôtres Pierre et Paul qu'on rattache la primauté romaine. Que la Providence de Dieu, qui dirige et gouverne tout avec une infinie sagesse, ait choisi, pour y établir le siège de saint Pierre et de ses successeurs, la ville de Rome à cause de sa situation politique, on peut le croire et même le supposer ; mais la primauté elle-même a pour fondement historique l'établissement du siège de Pierre dans la ville éternelle ; l'importance politique de Rome n'a pas créé la primauté ; mais elle a été probablement la raison historique déterminante qui a porté saint Pierre, sous la direction de la Providence divine, à établir son siège dans cette ville. Rien n'empêche de conclure que c'est Dieu qui a choisi la ville de Rome, « comme un lieu où siège le successeur du grand Pierre » (1).

(1) DANTE. — Cf. SEMERIA, *op. cit.*, p. 289-294. Nous croyons inutile de discuter la théorie fantaisiste du vieux catholique J. Friedrich, *Zur ältesten Geschichte des Primates in der Kirche*, d'après laquelle la primauté aurait appartenu, dans l'Eglise primitive, à saint Jacques le Mineur, évêque de Jérusalem.

CONCLUSION

Nous avons exploré, avec toute l'attention possible et une absolue impartialité, les trois premiers siècles de l'Eglise, et nous avons trouvé dans ces couches lointaines les signes irréfragables de la primauté de l'Eglise romaine. Tout ce qui nous reste sur ce sujet de monuments et de témoignages antiques a une signification qu'on ne saurait contester. Alors, comme aujourd'hui, Rome était le centre du monde chrétien, la clef de voûte de l'unité ecclésiastique et hiérarchique ; alors, comme aujourd'hui, elle faisait sentir, autant que les circonstances le permettaient, son influence dans toutes les parties de la chrétienté, et de toutes les parties de la chrétienté on recourait aussi à elle dans les affaires de grande importance. Sans doute, par suite du manque de renseignements et surtout de la condition de ces âges primitifs, nous ne saisissons, ni dans la même intensité ni dans la même fréquence ni avec le même éclat que de nos jours, le rôle et l'exercice de l'autorité du Pontife Romain ; mais son pouvoir, pour être moins éclatant et moins bien organisé, n'en est pas moins réel, et c'est là l'important.

Les premières générations chrétiennes eurent une conscience nette des prérogatives de Pierre et de ses successeurs, les pontifes romains ; cette conscience, ils l'ont manifestée de diverses manières et autant qu'il était alors possible. A la distance qui nous sépare de cette époque reculée nous pouvons encore ressentir, dans une certaine mesure, l'attachement que les chrétiens avaient pour la chaire de Pierre. Rome était le point de mire de toute la chrétienté ; orthodoxes et hétérodoxes s'adressaient à elle, les uns pour en avoir une décision sur quelque controverse importante, les autres pour la surprendre et obtenir son approbation.

L'histoire impartiale atteste ces faits ; on a essayé, dans un but doctrinal, de les tourner ou de les défigurer ; vaine tentative : ils sont trop clairs et trop précis pour se prêter à de pareilles manœuvres. On voudrait, il est vrai, avoir une aussi vaste perspective qu'aujourd'hui, et, ne pouvant pas l'avoir, on est tenté de conclure que la réalité n'existe pas ; mais on n'oublie qu'une chose : la loi du développement c'est que toutes les institutions chrétiennes, dans leur rayonnement extérieur, ont évolué tout en restant pour le fond identiques à elles-mêmes ; si l'action pontificale était plus limitée, elle n'en existait pas moins tout entière dans son principe, n'attendant que les circonstances favorables pour donner à son intervention des développements de plus en

plus larges ; ce sont là des phénomènes contingents ;
quant à la cause, elle a persévéré immuable, et alors
comme aujourd'hui la prédiction du Sauveur s'est
réalisée : « Il n'y aura qu'un bercail et qu'un Pasteur » (1).

(1) JOA., X, 12.

Saint-Amand (Cher). — Imprimerie BUSSIÈRE.

9 782012 721975